願いが静かに叶い出す

あなたの神さまお話できるよう

まさよ 著

どれだけわたしは
わたし自身を愛することができたのか？
わたし達がもって生まれた使命は
ただ
それだけのように思います。

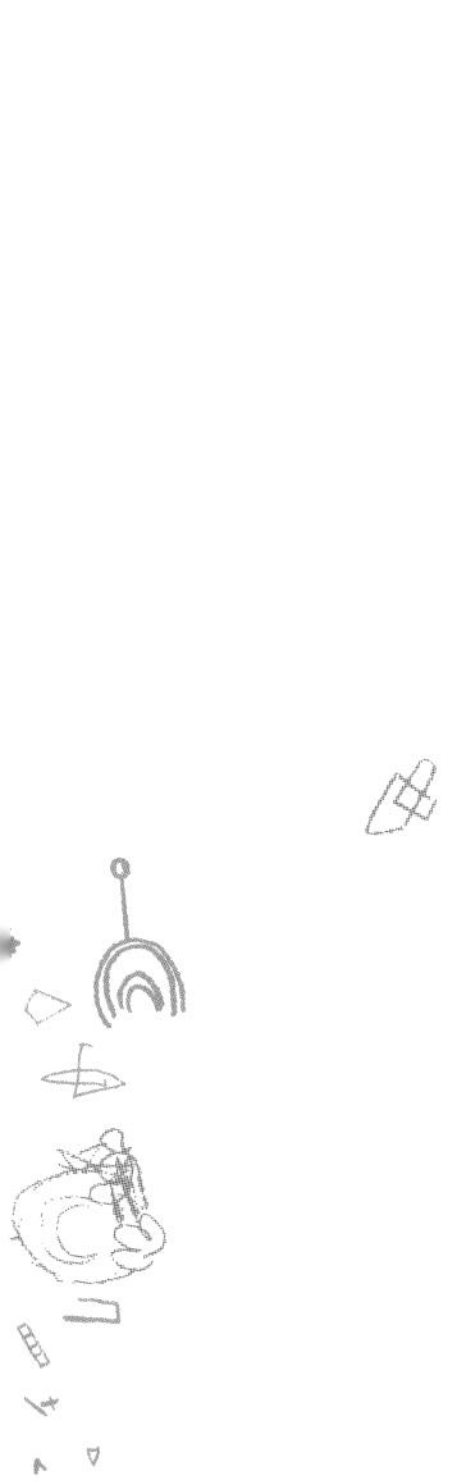

もくじ

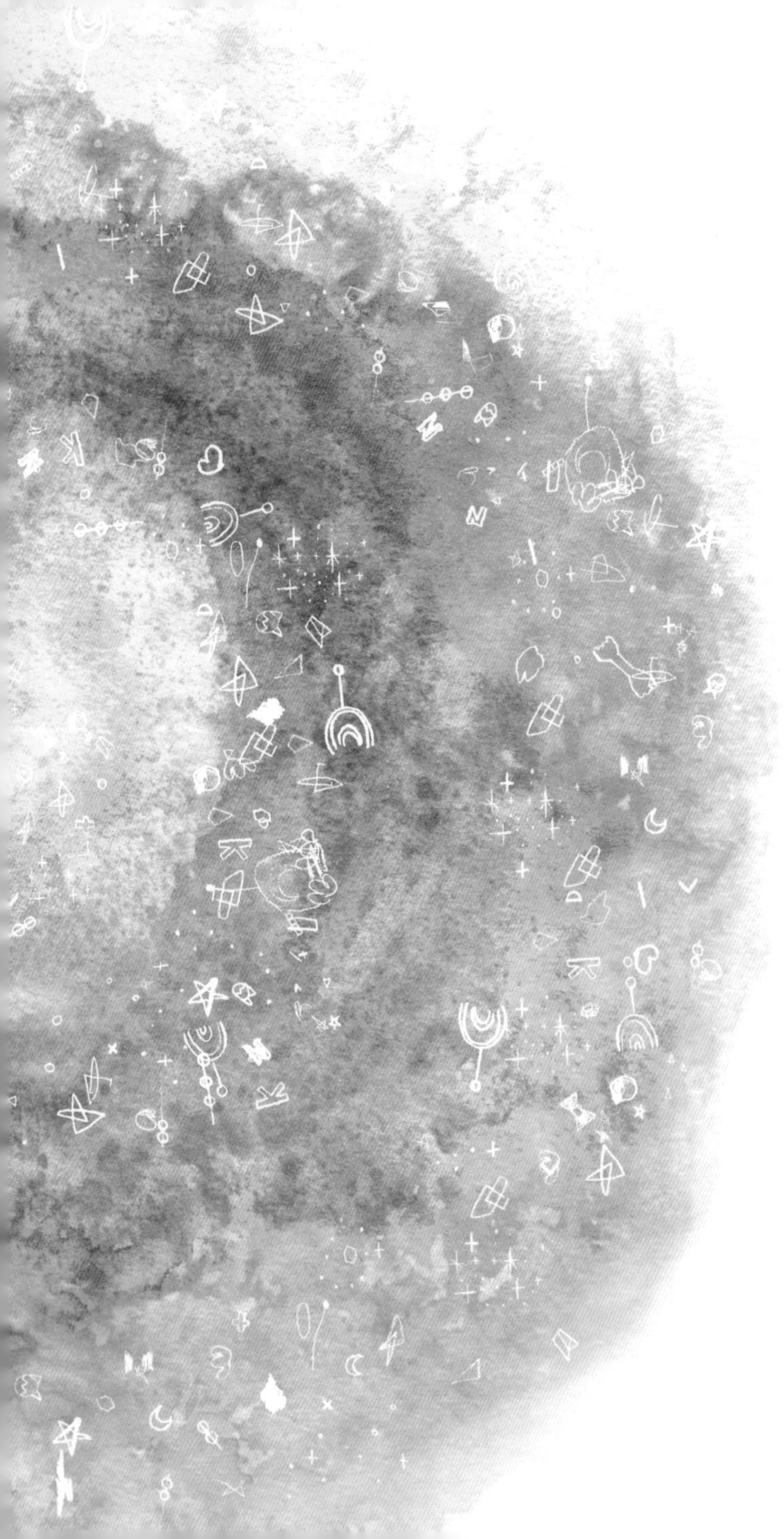

はじめに

ここに来てくださってありがとうございます。

この本は、
あなたがあなたの中にいらっしゃる神さまと
お話しできるようになるための本です。

神さまとお話しできるようになると
どんな時でも生きていることが
心地よく感じられるようになります。

そんなことはありえない。
そんなに急に変われるわけがない。

そう思われたかも知れません。それも無理のないことでしょう。
なぜなら昨今は戦争や、感染症の流行など、
思いもよらない出来事が起こり、
多くの方が心の中に不安や悲しみを抱えているからです。

でも、このような時だからこそ
この本がお役に立てると思うのです。

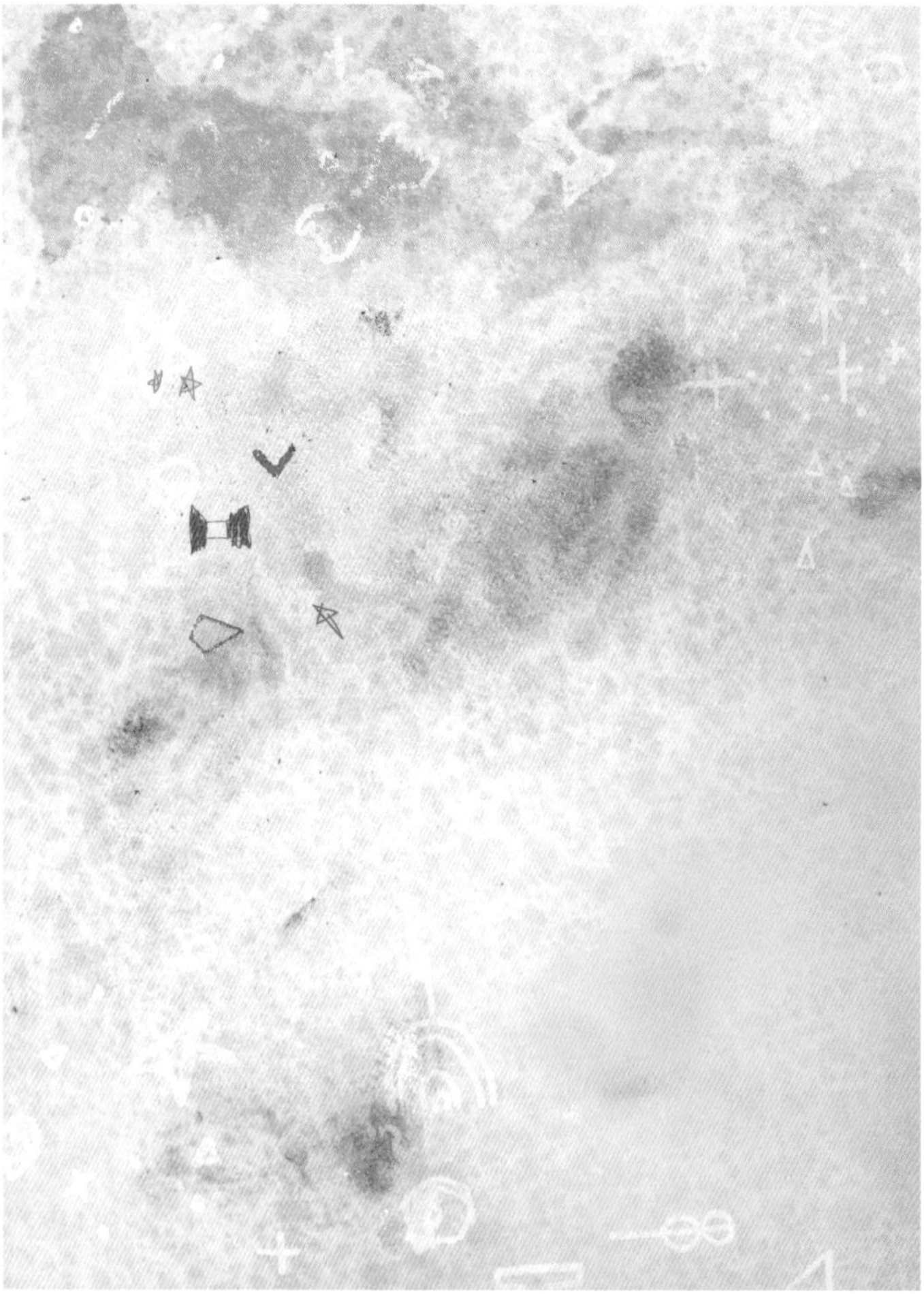

人生には
悲しみで心が苦しい時も
怒りが爆発しそうな時も
なぜかうまくいかない日々が続く時もあります。

でもそんな時こそ
あなたがあなたの神さまとお話を重ねて
自分の魂の軸に戻ることで
どんな時にも安心に包まれ、
自由に楽しく生きられるようになるのです。

あなたが、目には視えない神さまを
喜ばせて差し上げられた時、
おいたわりできた時、
神さまは今まで以上にわかりやすく
あなたの思うがままの人生を創り出すでしょう。
そのことをこれから本書でくわしくお話しいたしますね。

ところであなたはかみさまが、
どこにいらっしゃるのかご存じでしょうか。

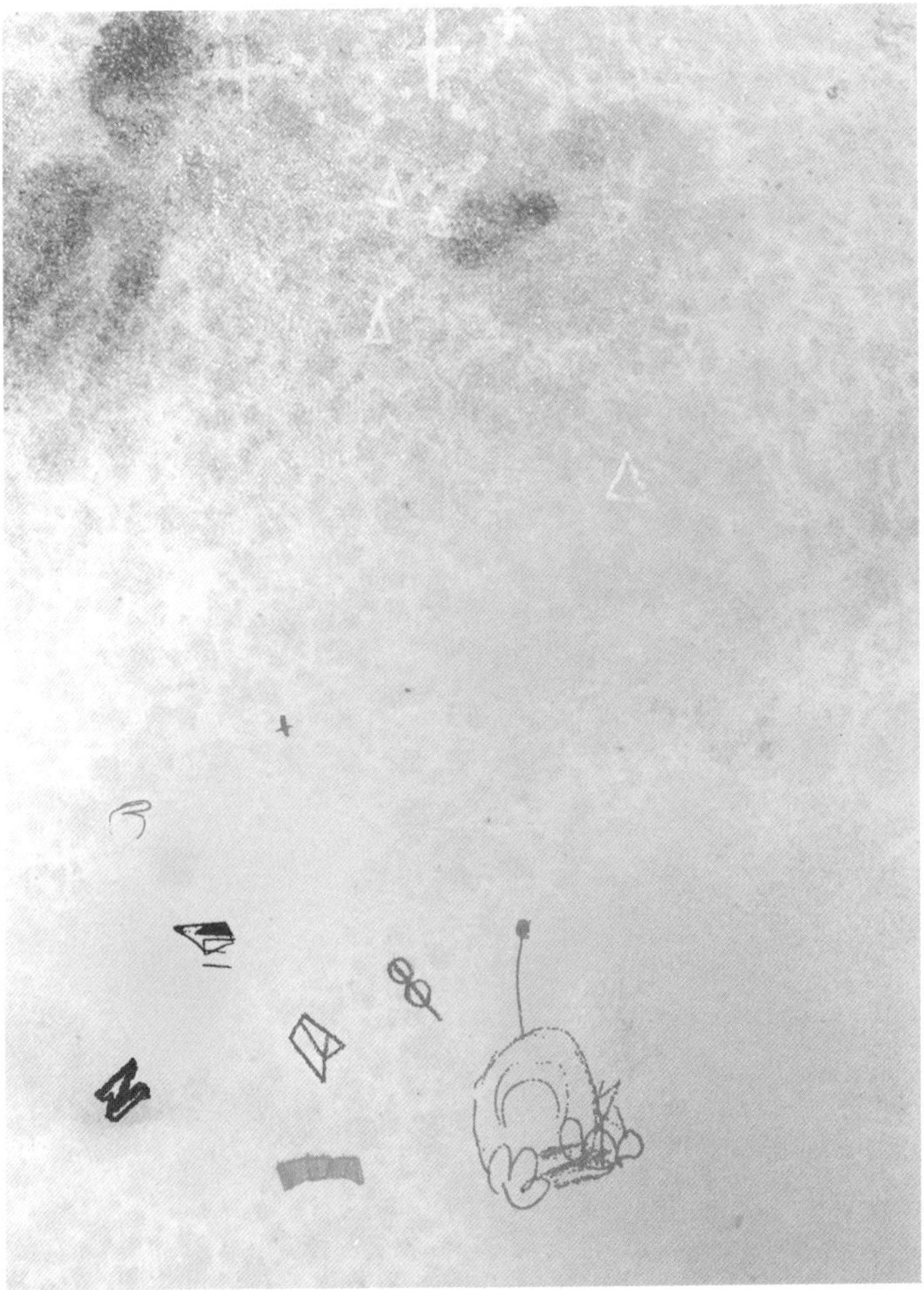

かみさまは
天に
宇宙に
源といわれる、記憶が集まる場所に
神社やお寺に
動物や小さな虫達の中に
空や木や草花の中に
それからあなたの中にもいらっしゃいます。

あなたの中の神さまは
あなたをいつも見守り続け、
あなたの心の声を代弁してくださいます。
神さまは、あなたとともに喜びや感動、
時に、悲しみや苦しみもともにしてくださる存在です。

本書では、大きな源となるかみさまを「かみさま」
あなたの中のかみさまを「神さま」
神社やお寺にいらっしゃるかみさまを「神様」と表現しています。

大きな海に、川の水が流れていくように、
わたし達の最期は源のかみさまに還っていきます。

あなたの中の神さまや
神社の神様、お寺の仏様など
目には映らぬ視えない存在との会話が
あなたの人生の幸せに大きく関わっていくことになります。

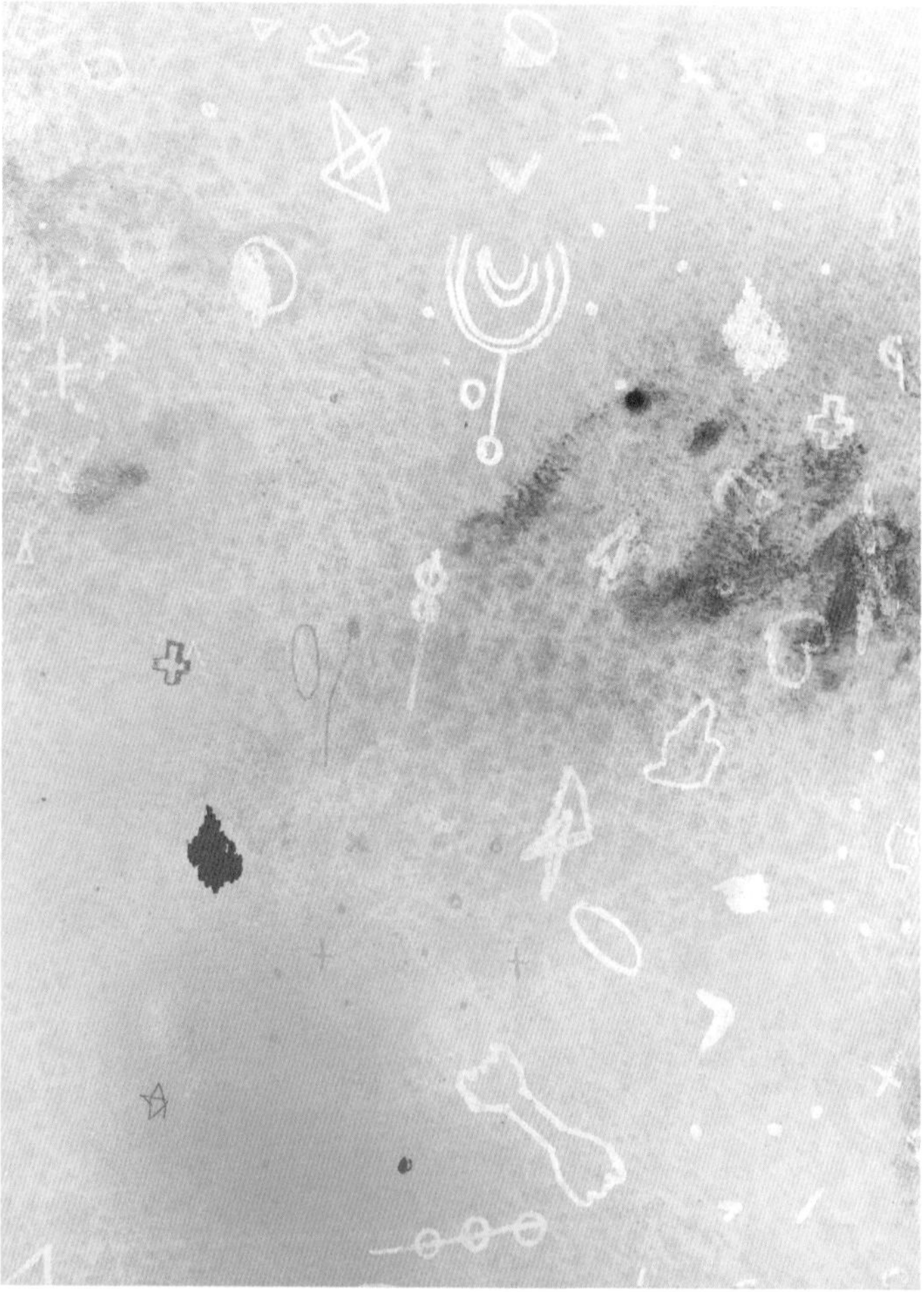

この本を読み終わるころには
人生が、静かに優しく、でも大胆に変化していくさまを
体感していただけることでしょう。

また本書では、
愛子《あやし》の諏訪神社様のご協力を頂戴いたしまして、
神様の御神鏡を新しくさらに大きく掲載させていただきました。
遠くて、直接ご参拝にいらっしゃれない方は
ぜひ誌上で愛子の神様とつながってみてください。
神様の力がさらに大きくなっていらっしゃるのを実感されるでしょう。

ではあなたが、あなたの中の神さまを思い出し
かみさまと強くつながるための
旅をはじめます。

まさよ

1章

神さまを思い出す

すると心がよみがえる

神さまの記憶

どうぞ今日のあなたは
あなたを自由にしてあげてください。
今日のわたしも、わたしを自由にします。

毎日を心穏やかに過ごしたい。
悩みや不安から離れ、笑顔で過ごしたい。
でも現実はそうではないと感じている方も多いことでしょう。
たとえ、はた目には幸せそうで、何の不安もなさそうに見える方でも、
実は、その方にしかわからない、悲しみや苦しみを
抱えていることがほとんどです。
なぜ、わたし達は不安や苦しみを抱えてしまうのでしょうか。

それは、わたし達が生きていく中で、
ある記憶を誰もが忘れてしまうからです。
その記憶とは、神さまの記憶です。
毎日を必死に生きる過程で、いつのまにか、自分の中の
神さまに気がつけなくなってしまっているのです。
わたし達が自分に自信をもてなくなったり
自分のことが嫌いになったりするのは、そのためです。
すると、目の前に広がる出来事が、苦しみやつらいことばかりになり、
心がギュッと締め付けられていきます。
まずは、神さまの記憶を思い出していきましょう。
そうすることで、もう一度あなたがあなた自身を許し、愛し、
いたわれるようになっていきます。
わたし達の心は、もともと自由なのです。
自ら縛ったりしないで、自由な心を取り戻していきましょう。

わたしの中の神さま

どうぞ今日のあなたは
あなた自身が神さまになってください。
今日のわたしも、神さまになります。

あなたは、あなたが宇宙一強くて、優しい味方に
一生守られていることを知っていますか?
目には見えませんが、あなたの中には神さまがいて
生まれてからあなたをずっと守り続けてくださっています。
神さまはあなたの魂がいつの時も安らかで、愛に満たされるように
あなたを全力で守ってくださっているのです。
つねにあなたを導き、わたし達が生まれてから死ぬまで、

幸せに生きられるよう、どんな時も、
あなたに話しかけ、応援してくださっているのです。
あなたを幸せにしたくてたまらない存在…それが神さまです。
あなた自身がそんな神さまになる、
というのはどういうことなのでしょうか。
難しそうに感じられるかもしれませんが、簡単なことです。
あなた自身に対する優しさがあれば、ただそれだけでよいのです。
構えず、力まず、心地よいあなたでいられるよう
自分自身に優しさを与えられるよう意識してみてください。
あなたの優しさが、神さまなのです。
自分の中の神さまの部分に触れると、
心が満たされて愛が溢れ出すような感じになります。
それを、神さまを思い出すはじめの一歩といたしましょう。

源のかみさま

どうぞ今日のあなたは
あなたを愛してあげてください。
今日のわたしは、わたしを愛します。

わたし達はこの世に生まれる前、光の源のような場所にいました。
その場所には肉体を手放したすべての魂が還っていきます。
人は亡くなると魂になり、精一杯生きた記憶のすべてを
光の源にもち還ります。
そこにあるのは「個人の記憶」の集合体ではありません。
すべての魂が溶け合うので、そこの記憶は
「たくさんの、だけど一つの記憶」として存在しているのです。

その大きな光の源から、やがて一滴の光のしずくがこぼれ落ちます。
それは様々な記憶を内包した光のしずくで、
時として木になり、雲になり、人になり、動物になり、
目に映らぬ形のないものとなって、この世に降りてきます。
実は、あなたが目にするすべては、同じ源から出た光でできたものです。
この光るしずくの一つがあなたの体に入り、あなたと生涯をともにして、
いつでもあなたを守ってくれる神さまになっています。
そして人生を終えると、しずくが蒸発するように、
また、かみさまの源へと還っていきます。
わたし達はそれを終わることなく繰り返しているのです。
あなたの中の光。源の光。
どちらの光も、あなたをつねに守り支えてくれるかみさまです。
あなたが自分の中の神さまに気がつくことは、
源の記憶を思い出すことにもつながっています。

あなたの外に視える神さま

どうぞあなたの今日は
あなたのすべてをかみさまに
委ねてくださいませ。

龍神、天使、ご先祖様、不思議な存在が視える方はたくさんいます。
そのような視えない存在は一体何なのでしょうか。
わたしは、それはぜんぶ
源のかみさまの分身のようなものだと思っています。

かみさまを、天から降り注ぐ
あたたかくやわらかい雨とたとえてみましょう。

雨の日に傘をさしていると、
傘の端からキラキラ輝く雨粒が見えることがありますよね。
その雨粒が源のかみさまのひとしずくで、
その人が意識を向けたものに形を変えて現れてくれるイメージです。

天使に意識を向けている方には、天使の形になって現れ、
ご先祖様を思う方にはご先祖さまの形になって
あなたにかみさまの存在をみせてくださいます。

あなたが意識すると、源のかみさまの小さな粒が集まって、
意識したものの形を作ってくださるのです。
わたし達は中に神さまを内在させているので、なんでも創れます。
でも本当は、すべては源のかみさまなのです。

八百万の神様

どうぞ今日のあなたは
心にお休みをあげてください。
体はいつも忙しく、しなければいけないこともあるけれど
せめて心はお休みにしてあげてほしいのです。

苦しい感情を抱えている時や何かのストレスを抱えている時
わたし達の心は、ぎゅっとかたく縮こまっています。
そんな時こそ、思い出してください。
風が、花や、木々があなたの心をときほぐそうとしていることを。
この世は目に映るものは、かみさまがくださった宝もの、贈りものです。
空も、雲も、風も、木々も、お花さえも、

それを横切る野良猫も、鳥も、虫も何もかもかみさまが
「大丈夫だよ」「大好きだよ」「安心してね」と、
あなたにわかるように作ってくださったものなのです。
この世の様々なものに、光の源から分かれたかみさまが宿っています。
昔から人は、それを八百万《やおよろず》の神様と呼んでいました。わたし達は八百万の
神様を通して、自分の神さまを思い出すことができます。
たとえ悲しみに打ちひしがれていても
出口の見えないつらさに苦しんでいても
ふとした時に、あなたが自分を包む愛に気がつけるように、
あなたの世界に、たくさんの感動や喜びを
散りばめてくださっているのです。
かみさまは静かに、でも一生懸命に
いつもあなたを喜ばせようとしてくださっています。

神仏達の存在

どうぞ今日のあなたは
あなたを信じてあげてください。
今日のわたしも、わたしを信じます。

世の中には様々な宗教があります。
でも神様ごとに、あの世や天国があるわけではありません。
信じている神様が異なるだけで、還っていく場所は
誰にとっても同じなのです。

たくさんの川の水が大きな海に流れていくように、
異なった宗教をもつわたし達も、

みんな同じ場所に還っていきます。

神仏とは本来お姿のないものですが、
なぜわたし達は神社のしめ縄や、お寺のお仏像を目にすると、
特別に畏怖や畏敬の念を感じるのでしょうか。

それはそこにわたし達の
強い愛のエネルギーが集まっているからです。
神様や仏様を創り上げているのは、わたし達の愛の力です。
「かみさま」から頂いた愛をもつわたし達が、
手を合わせて、目に視えない存在に心から祈ることで、
そこに神仏の意識が宿っていきます。

人で賑わっている神社や寺社の神様や仏様には、

気が満ちているのを感じますね。
それは多くの人が手を合わせて、
神様や仏様に愛をお渡しくださっているからです。
愛が多ければ多いほど、強ければ強いほど、
大きなエネルギーとなって
わたし達に畏敬の念を覚えさせるのです。

神様や仏様にお参りされる時は、
神仏からなにかご利益をいただくだけではなくて、
わたし達も神様に、感謝やおいたわりという愛のご利益をお渡ししている
そう思ってみてください。

どこかでそう思ってくださるだけで、
神仏との愛がどんどん大きく循環しはじめます。

そして、あなたの人生がさらに愛に包まれていくのです。

わたし達の使命

どうぞ今日のあなたは
あなたの心を大切にしてください。
今日のわたしも、わたしの心を大切にします。

この章の最後に、わたし達がこの世に生まれてきた使命について
お伝えしたいと思います。
わたし達の使命、それは一生懸命に生きること、
そして自分のために、自分のお役に立ちながら生きることです。
自分のお役に立つということは、
泣いて、笑って、怒って、妬んで、悔やんで、羨んで、
それでも 前を向いて生きること。

いい感情をもった時はもちろんのこと、
何かによくない感情を抱いたとしても、
その都度、自分で自分を励まし、ほめて、
あなたがあなたの一番の理解者、相談者になってあげることです。
もしもあなたが神さまだったら
どんなあなたでも、精一杯あなたを愛するでしょう。
どんなあなたでも、あなたを許してあげるでしょう。
あなたの中にはすでにそうした神さまがいらっしゃるのです。
あなたの心が苦しい時、あなたの神さまも苦しんでいます。
あなたが嬉しい時、あなたの神さまもとても喜んでいます。
わたし達の使命は、どんな時でも、自分の心をいたわり、
喜びや安心という愛を与えることです。
それは自分を愛することであり、
神さまを愛することでもあるのです。

2章

神さまをひらく

すると時が輝き出す

神さまひらきをしよう

どうぞ今日のあなたは
ご自分の宝物に気がついてくださいませ。
今日のわたしも、わたしの宝物に気がつきます。

あなたがあなたの宝物に気がつけるように、
あなたの中の神さまをひらいてみましょう。
海開きや山開きのように、
今日という日を、実際にあなたの中の神さまと
つながる日としてみたいのです。
そして、あなたの中に神さまがいることを体感していきましょう。

神さまとお話ができるようになると、
あなたの心は安堵と喜びで満たされ、不安になったり、
不足感を覚えたりすることがなくなっていきます。

「そうなったら素敵だけど、
そんなこと、特別な力のないわたしにもできるの？」
と思われるかも知れません。
でも大丈夫です。
神さまとお話ができるようになる「やり方」があるのです。
これからそのやり方をご紹介していきます。
実践すればするほど、神さまと上手にお話しできるようになっていきます。
まずは無理なくやれそうなものから練習してみてくださいね。

ワーク1

心地よさを選ぶ

まずは、あなたが心からホッとすることをやってみてください。

深呼吸をするのでも、珈琲を飲むのでも、なんでもけっこうです。


いかがでしょうか。今まできゅっとしまっていた心がゆるむような心地よさを感じ、胸のあたりがじんわり包まれているような感覚で満たされはじめたことでしょう。

それこそが、神さまがあなたに喜びをお伝えしているサインです。

それはあなたが安心している証でもあります。

わたし達は、何もかも自分で決めてよいという選択を与えられてこの世に生まれています。

だから、今この瞬間からあなたはあなたに安心を与えると決めましょう。

ワーク2

独りの時間をつくる

一日のうちわずかな時間でかまいません。独りの時間をもつようにしましょう。

ここでいう「独り」というのは、一人で部屋にこもるなど、物理的な意味での一人ではありませんので、誰かと一緒でもかまいません。

自分の心にだけ意識を向けるようにしていただきたいのです。

お散歩している時でも、車を運転している時でもかまいません。

電車の中でぼーっとするのもいいでしょう。

とはいえ、忙しい日々の中では、「今から独りになる！」と意識しないと、なかなかその時間はとれないかも知れません。そんな人は、スマートフォンのタイマーを独りになれそうな時間に設定するようにするといいでしょう。

タイマーが鳴ったら5分間だけ独りの時間をもつようにします。

やがて自然に独りの時間をもてるようになっていくことでしょう。

ワーク3

小さな感動を見逃さない

この世には、「感動の種」がたくさん散りばめられています。

でもそれに気がついている人は意外に少ないように思います。


あなたが暮らしている街を見てみてください。

頭の上には青い空が広がり、白い雲が浮かんでいませんか？

季節ごとのお花が咲いていませんか？　雨があがったあと、木の葉についたしずくが緑色をよりいっそう鮮やかに見せてくれてはいませんか？


毎日の忙しさの中で、それらに気がつくことは少ないかも知れません。

でも、今日からはそうした身の周りにあるものの美しさを意識してみましょう。「美しさ探し」をはじめると、見慣れた何もかもが感動するくらいに美しく感じられるようになっていくことでしょう。それはかみさまが、この世界のいたる場所にその時々に「感謝の種」を隠してくださっているからです。それに気がついた人だけが、受け取れる「美しさのギフト」です。それらを目にした時、魂が感動で震え、自分自身をいたわり癒してくれていることを感じられるでしょう。

またどなたかから優しさを頂戴したり、人の優しさを目にしたりした時に、深く感じ入るようになることでしょう。日々の中で、落ち込むことや、悲しいことや、苦しむことがあったとしても、あなたの中の声を聞いてあげてください。嬉しいことは人を笑顔にし、感動は魂が震わせ感謝をもたらします。魂が喜ぶと涙が溢れてくるのです。

小さな感動や、心がゆるんだ瞬間を見逃さないでくださいね。神さまからのサインを受け取る練習になります。

ワーク4

肉体の目を閉じて、脳裏で「視る」力を育む

いつものを見ているわたし達の目。
それを少し休ませて、脳裏で「視る」練習をしましょう。

1 目の高さの位置に手を出し、顔から20～30センチ離れたところでゆっくりとグー　チョキ　パーを出し、その動きを見ます。

2 目を閉じて、目の前でグー　チョキ　パーの動きをしましょう。
目には見えませんが、脳裏にグー　チョキ　パーが思い浮かぶでしょう。

これが〝見えていないけれど、視えている〟という感覚です。
この感覚を育てて進化させていきましょう。

目を開けたままやや上を向き、どこか一点を見つめてください。

思いきり上を向くと、首が疲れるので少し上を向く程度でけっこうです。

この時あなたの目には目の前のものが映っています。でも目の前にあるものを凝視するのではなく、意識を後頭部に向けるようにします。

そして 小学校を思い出してください。


廊下や、教室や学校の匂い。授業の様子や、校庭、そこにいた同級生達。

次々といろいろなことを思い出すことでしょう。

それらの情景は、あなたの脳裏に広がっています。自分の目を使って、現実に「見ている」のではなく、脳裏に広がる世界を「視て」いるのです。

「視る」というのは そんな感覚です。

この感覚に気がつくことができ、脳裏に様々な世界を思い描けるようになればなるほど、あなたの不思議な能力が磨かれていきます。

ワーク5

右脳を使う

さらにわたしが「かみさまの脳」と呼んでいる右脳を育てていきましょう。

1 椅子に座って、背筋を伸ばしてきれいな姿勢になります。

頭のてっぺんを真っすぐに上に向けます。そうすると、頭のてっぺんが紐で上に引っ張られている感覚がでてきます。

2 上から引っ張られる感覚を覚えつつ、ゆっくりと後頭部を後ろにそらせます。

背筋はそのままで、顎を天に向けるイメージです。

痛みを感じることのない無理のない範囲で、後ろにそらせます。

3 次第に後頭部が重く感じられるようになります。

宇宙からの情報がたくさん降りてきているためです。

ゆっくりと首を元の位置に戻してください。

この一連の動作は「宇宙のシャワーがここに降りてきている」という意識をもちながら行ってくださいね。

4 次に、顎を首につけるイメージでゆっくり頭を下げます。
首の後ろがよく伸びるのを感じたら、ゆっくりと元の位置に戻します。

これも宇宙のシャワーが後頭部に届くイメージをしながら行いましょう。

5 首を左にゆっくりと傾けて、右の首筋が伸びるようにします。
顎を右斜め上に向けるイメージです。左側も同じように伸ばしましょう。

これで首回りのストレッチができ、首や頭がすっきりします。

右脳が活性化され、ひらめきも多くなっていくでしょう。

ワーク6

神さまに合わせる

神さまの思考になって自分に話しかけてみましょう。

神さまに合わせるとは、今のあなたの気持ちや状況、悩み事などを、その日その時々で

「神さまならどんなお言葉でお話をされるだろう?」

と想像しながら、神さまの御心に合わせてみることをいいます。

すると、神さまの波長とあなたの波長が次第に合わさっていくことになります。

神さまと合わさっていくと、悩みだと思っていたことが悩みではなく気づきのきっかけだとわかるようになっていきます。

なぜならばあなたも「神さまの目線」がもてるようになり、神さまのご意思や思いに同化していくからです。神様合わせをしているうちに、あなたに直接神様の御言葉が降りてくるようになります。

ワーク7

自分に幸せを与え続ける

一日のうちで、「自分に幸せを与えている」ことを意識する時間をもちましょう。
たとえば、重い雲の隙間から青い空がみえていたとしましょう。
それだけで心が少し軽くなります。
急ぐ足を止めて、雲が流れていくのを眺めてみましょう。
風の揺らぎや、青々と茂った木々、精一杯咲いているお花や万物に恵みを与える雨。
そうした「当たり前」のように存在するものに、目を向けてみてください。
急《せ》いていた心にゆとりが生まれることでしょう。
そんな時、あなたは自分に「幸せを与えている」のです。
あなたの人生の主人公は、ほかならぬあなた自身です。
だから、ほんのささいなことでも、「幸せなこと」として、
あなた自身にプレゼントしてあげ続けてみてください。

3章
神さまとお話をする
すると心がらくになる

神さまとお話をする

どうぞあなたの今日は
神さまに自分の心を伝えてみてください。
わたしの今日も、神さまに心を伝えます。

神さまとお話しができるようになると、
人生が静かに、でも大胆に変わりはじめます。
そのためにはどうすれば「かみさま」に
お喜びいただけるか、「かみさま」をおいたわりして
差し上げられるかが大切です。
目には映らぬ視えない、あなたの中の「神さま」や神社の「神様」、
また、すべての神々を象徴する存在である

森羅万象の「かみさま」をいかに喜ばせて差し上げられるかが、
あなたの人生の「幸せ」に大きく関わっていくことになります。

この章では、わたしが神さまから伝授された、
神さまとお話しする上で大切にしたいことをまとめました。
あなたがかみさまとお話しできるようになればなるほど、
かみさまはとてもお喜びになることでしょう。
ぜひ真心をこめて、うそいつわりのないいまの率直な気持ちを、
借りものではないあなた自身の言葉で神さまに伝えてみてください。
それが神さまにとって何よりの感謝を表すことになり、
神さまからあなたへのねぎらいの御心を頂戴することになります。
ぜひこれからの人生に活かしてみてください。

神さまの前では小さな子どもになる

どうぞ今日のあなたは
子どもに戻ったつもりで神さまに甘えてください。
神さまが大好きなあなただから。

わたし達は、大いなる存在の前では誰もが小さな子どもです。
だから、神さまの前では、あなたも小さな子どもになってください。
安心して駄々をこねてみてくださいね。
子どものころから我慢するクセがある人は、わがままをいうことや
駄々をこねることに、抵抗があるかもしれません。
しかし神さまにとって、あなたは愛おしい小さな子どもなのです。

安心して幼子だった自分に戻って、神さまに話しかけてください。

「ねぇ神さま、わたしの話をきいて、今日ね、嫌なことがあったんだよ」と子どもが泣いたりプンプンしたりしながら母親に打ち明けるように話してみましょう。

「ねぇ神さま、今日はわたしは、とっても嬉しかったんだよ」と無邪気に話しかけてみてください。


どんなことでもかまいません。

小さな子どものように神さまに話しかけて欲しいのです。

もしかしたら、神さまからはお返事がかえってこないかもしれません。

それでも神さまはあなたの話を、微笑んで聞いてくださっています。

小さな子どもになって神さまに話したら、

「神さま大好き、ありがとう」そう最後に言ってみてください。

「神さま大好きありがとう、わたしは神さま大好き、わたしが大好き」

そう言い続けているうちに、いつしかそれは
あなたにとって、口から自然に出てくる当たり前の言葉になっていきます。
そうすると目に映るものすべてが美しく感じられ、
この世に生きていること自体が嬉しくなります。

きれいな空を見ても、美しい花を見ても、虹を見ても、
動物を見ても、虫を見ても、キラキラと降り注ぐ光を見ても、
吹く風に心地よさを感じても、誰かの優しさを目にしても、
ただ感動で嬉しくなり、胸が震えるのです。

そうしたことに気がつくたびに「神さまありがとう」と
日に何度も呟くようになっているでしょう。

「神さまありがとう、こんな素敵なものを

わたしに見せてくださってありがとう」
この世界は、あなたにくださった贈り物で溢れています。
小さな子どものように神さまとお話をするようになることで、
そのことに気がつけるようになっていきます。

自分を一番に信じる

どうぞ今日のあなたは
あなた自身を信じてくださいませ。
今日のわたしも、わたしを信じることにいたします。

神さまと日常的にお話しすることが習慣になると、
自分以外の誰かを崇拝することがなくなります。
自分の価値観、自分の判断でよいのだということが
実感できるようになっていくでしょう。

なぜならば、真実はつねに「神さまとともにあるわたしの中に存在する」
ということが、鮮明に、明確になってくるからです。

ですから誰かの説く、「いまのままではあなたは不幸になる」というような呪いのような言葉にも翻弄されなくなりますし、占いの結果などもまったく気にならなくなります。

ちょっと語弊があるかもしれませんが、今年の運勢も今月の運勢も、六曜も厄年も、自分の人生において大したことではないと自然に思えるようになっていきます。
自分はそうしたことを凌駕する運命を切り拓いていけるし、人生を自分で創っていけるという、自分に対する絶対の信頼が生まれるからです。

引いたおみくじが、大吉だろうが大凶だろうか、どちらでもいいのです。
なぜならば自分の人生は、運命は自分で創るということを、頭ではなくて、魂で理解するようになるからなのです。

それだけ神さまを信じられるようになっていきます。

神さまとお話しできるようになることで、
新たなあなたの魂が生まれ変わり、二度目の誕生となるのです。
そうするといろいろなことがわかってきます。
悩みの原因も根本も何もかも自分で解決できてしまうのです。
悩みの中には、どうすることもできないこともあります。
今までとは、違った捉え方で違った角度でそうした悩みを
冷静に俯瞰して見られるようになります。

それは決してあきらめによるものではなくて、
人生のしくみを、ただ受け入れることが
できるようになるからなのです。

人生をどのように楽しみ、生きたのか？

神さまとの会話を楽しむことで、
わたし達は誰もが神さまにつねに愛されているという
自信をもって生きていけるようになります。

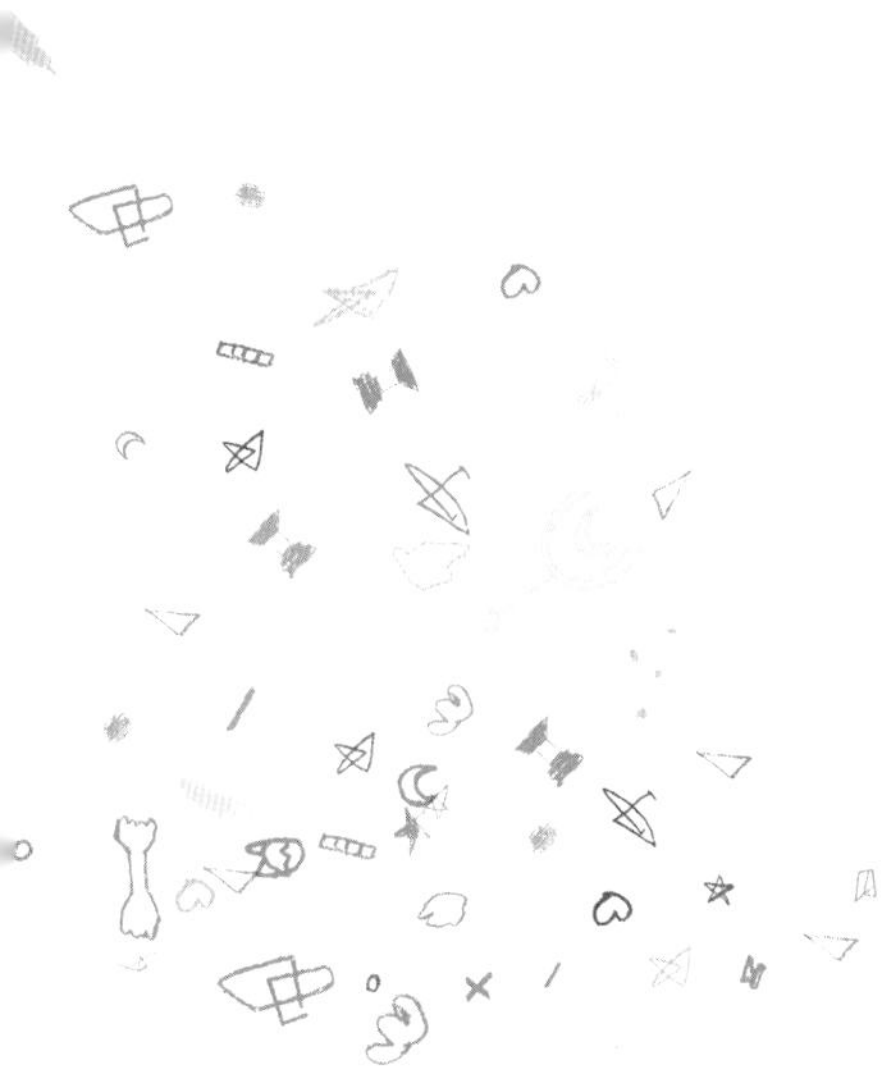

つらい時こそ何でも話す

どうぞ今日のあなたは
空を仰いで、神さまを思ってくださいませ。
今日のわたしも、空を見上げて、神さまを思います。

あなたは自分の胸で、神さまとつながることができます。
神さまはどこにいるのでしょう。
人は神さまを思う時、無意識に空を仰ぐのではないでしょうか。
神さまは、大いなる源です。
そして大いなる源は宇宙の根源なので、人は神さまを思う時
無意識に上を見上げ、宇宙をイメージします。
ここで大切なことは

宇宙の根源と、あなた自身は一つだということです。


わたしが神さまとお話をする時も、無意識に空を見上げて神さまにいろいろなことを聞いてもらいます。

嬉しい時はもちろんのこと、苦しい時も、悲しい時も神さまとお話をしたくなるのです。

あーわたしの魂は無意識のうちに、神さまとお話をしたいのだとわかるサインがあります。

それは「独りになりたくなる」ということです。

自然と独りになりたくなって、ただ神さまとお話をしたくなります。

神さまとお話をしたくなる時は、人はみな独りの時なのです。

たとえばわたしは独りで公園に行ったり、散歩したり、トレッキングをしている時、また車を運転している時に神さまとお話をします。

普段の生活の中ではしなければならないたくさんのことがあります。
仕事や家庭のことなどで精一杯頑張っている中で、
気がつかないうちに自分自身がいっぱいになっているのだと思います。
そういう時、魂をゆるめて緊張を解くことで、
また新たに頑張ろうという活気がみなぎってくるものなのです。
ですから、意識的に独りの時間をもち、
神さまとのお話をするようにしましょう。

わたしはつね日ごろ、考えてもどうしようもないことでは
悩まないようにしているのですが、どんなに気をつけていても
ひょっこりと悩みが頭をもたげてくる時があります。
そんな時、わたしは自分で抱えこもうとせず、
すべて神さまにお話しするようにしています。
一人で抱えている悩みや苦しみで押し潰されそうな時、

空を仰いで神さまにただ聞いていただくことで、
その日その瞬間のいらない荷物を神さまに託しているのだと思います。

「神さまどうして、わたしの人生はこうなのでしょうか。
人はみんな幸せそうなのに」と思ってしまうことがあります。
本当は人は誰もが悩みを抱えているものだとわかっているのに、
それすら見えなくなるというのは、自分で自分を支えられないくらい
追い詰められているのだと思います。
ですから、そういう時は、すべて正直に神さまにお話をするのです。
すべて神さまに吐き出した時自分の胸の中から、
神さまに抱きしめられるような感覚になります。
この抱きしめられるような感覚を覚える時、胸は震動します。
胸が震動すると胸が温かくなって愛で満ちる感覚になります。
そうすると、「よしまた頑張ろう」と思えるのです。

神社の神様への伝え方

どうぞ今日のあなたは
あなたを照らしてあげてくださいませ。
今日のわたしも、わたしを照らします。

参拝の方法は、今では二礼二拍一礼が常識となってしまいましたが、
神社によっては、四礼のところもあります。
いっとき、正しい参拝の仕方について、いろいろな意見がみられましたが、
本来、神様をお呼びすることに決まりはありません。
古神道では音を鳴らすことが大切にされておりました。
世の中が感染症の影響を受けるようになり、
正しい参拝ルールと言われていたことは、大きく変化しました。

手水舎には柄杓《ひしゃく》がなくなり、鈴緒にも触れられないところが多くなりました。
このように時代とともに、参拝方法は変わっていくものなのです。
それくらい日本の神様、日本の神道は大らかなものだったのです。

神社の神様とお話をする時は、まずは自分の背筋を伸ばします。
なぜならわたしが「神様のお声を受け取る」と考え、
わたしが「かみさまの脳」と呼んでいる右脳は、脊髄を立てることで、
神様からのお声をより受け取りやすくなるからです。
そして「神様の御前に立たせていただいて、
手を合わせさせていただけることをありがたく存じます」
と心で、または小さく声に出して神様に申し上げます。
さらにあなたの神様への思いをお伝えするとともに、
神様へのおいたわりの言葉をお伝えすると、
神様はとても喜んでくださいます。

神さまの位置

どうぞあなたの今日は
おかげさまであってくださいませ。
おかげさまとは、神さまに、誰かに、いつも感謝している言葉だなぁと
そう思います。

神さまとお話が上手にできている時は、あなたが
「心地よい」と感じている時です。
それはあなたが安心している証でもあります。
本来わたし達の魂には、安心しかありません。

しかしわたし達はつねに手探りで生きているので、

誰かがいう怖いことや不安なことに翻弄されてしまいます。
人は安心よりも不安の方へと引っ張られていくものだと思うのです。
だけどそれは本来のあなたの思いとは違います。
あなたはきっと怖いことや不安なことが起きないように
身構えているだけなのです。
そういう時は心も魂も落ち着きません。
そうすると神さまの存在に気がつけなくなり
神さまとお話をすることが難しくなってしまいます。
そんな時、あなたの中の神さまとお話をする時は
神さまを感じやすい位置を意識してみましょう。

胸やおなかのあたりに手をおいて、優しくさすってみてください。
子どもをあやすように自分の胸をとんとん、とたたくのもよいでしょう。
そうすることで心身に安心が広がっていけば、もう大丈夫。

あなたは神さまとお話ができています。

神社の神様とお話をする時は、
自分の神さまとお話しする時と少し違う時があります。
神社に御参りにいって、神様の御前に立つ時、神様の「目を合わせたい」
というご意志を感じることがあるのです。
もし、そんなメッセージを受け取ったら、神様と目線が合うようにいたしましょう。

神様と目線を合わせるには、大きな神社や小さな神社に関係なく、
立つ場所を調整することが大切です。
小さな神様の場合、きちんと目線を合わせて
お話をしようと思うと、自然とひざまずいたり、
しゃがんで手を合わせたりすることになります。
またたくさんの人が参拝されている場合など、

次に参拝される方にご迷惑ではないかと気をつかってしまい、
早々にその場を後にすることが多いのではないでしょうか。
そんな時はあらかじめ、神様と目線を合わせられそうな
立ち位置を予測しておきましょう。

たとえばご神鏡が置かれていると、自然にその前に立とうとします。
それは鏡が神様だと思うからです。
でも神様が本殿や拝殿の奥にいらっしゃったり、
扉がしまったりしていることもあります。
そんな時は一度拝殿で手を合わせたあと、
少し移動して神様がいらっしゃる本殿が見える場所に
立たせていただいて、神様に意識を合わせます。
静かにゆっくりと他のみなさんのご参拝の邪魔をしないように、
静かに心澄ませて神様からのお返事を待つのです。

神社の神様のお返事の聴き方

どうぞ今日のあなたは
「嬉しい」をいっぱい見つけてくださいませ。
今日のわたしも「嬉しい」をたくさん見つけます。

神社の神様とお話ができたら
しばらく全身、特に脳裏に意識を集中させてみてください。
この状態を、「気を澄ます」とわたしはいっています。
そして少し頭を前に垂れて、
神様のお返事が頭全体に届くようにイメージをします。

本書でご紹介させていただく

愛子の諏訪神社では拝殿に立つ場所があります。
それは鈴緒が三本ある場所です。
真ん中の鈴緒とそして向かって左側の鈴緒の間に立ち、
本殿（神様）を見つめながら手を合わせてお参りをしている時に、
お返事やお答えをくださることがとても多いのです。
もしも愛子の諏訪神社様に行かれる機会がございましたら、
ぜひそうされてみてくださいませ。

神様のお答えはお言葉だけではなくて、映像だったり、
時には香りだったり、気配だったりとさまざまです。
神様がお返事をくださったり、お伝えして くださったりすることは、
今すぐに起きることや実現することではないことが多いです。
また、お伝えのしかたも、わたし達人間にとっては、
わかり難いことのほうが多いのです。

それは神社の神様だけに限ったことではありません。
視えない存在の方々は、肉体をおもちではないので、
わたし達人間が会話するようにはいかないことが多いものなのです。

自分の中で、視えない存在の方々からのメッセージを理解するまでの間に、
大きな気づきが得られることもあります。
それはそれでよい時間だなぁとわたしは思うのです。
でも神様からのお答えがわからない時は、
「どうぞわたしにわかりやすくお伝え願えますでしょうか」
と正直にお伝えしてみましょう。
きっと答えてくださることでしょう。

たとえば神社の神様がお喜びになる時とは、
自然のものを使いあなたを歓迎してくださることが多いものです。

風にお花のようなよい香りをつけて届けてくださったり、
突風が起きたかと思うと、次の瞬間、しいんと静かになったり……。
そんなふうに自然をお使いになることが多いのです。
なぜなら、それがわたし達に一番わかりやすく
伝わる方法だからなのです。

そんなふうに神様がお喜びになると、後から必ず
「これはもしかしたら神様からのご褒美なのかしら？」
と思えることが起こります。
まるで奇跡としか思えない神がかった出来事や、
信じられないくらい幸運な出来事があなたの身に起きてきます。
それこそが、神様がお喜びになられた証なのです。

相手の神さまを視る

どうぞ今日のあなたは
誰かの中の神さまに思いをはせてみてください。
今日のわたしも、あなたの中の神さまを思うことにいたします。

あなたの中に神さまがいらっしゃるように、
あなた以外の方の中にも神さまがいらっしゃいます。
どの神さまも、もとはすべて源のかみさまから分かれた光です。
生きていく中で、人間関係の中で、
相手のいやな部分、許せない部分があったとしても
実は自分自身も同じものをもっていることもあります。

わたしには二人の子どもがいます。
昔、わたしは子どものいやな部分、
許せない部分をどうにかして直そうと躍起になっていました。
ところがどうしても子どもは変わりませんでした。
実はその部分は子どもではなくわたし自身のいやな部分だったのです。
「そうか。わたしはこの子を通して、わたし自身が
どんな人間かを見せられているんだ」と思いました。

神さまとお話をすると、
すべてを認め、無条件に愛してくださる神さまがいるように、
わたしのいやなところを映し出している相手の中にも、
尊い神さまがいらっしゃるのだ、とわかるようになります。
どんな人の中にも神さまがいて
あなたと同じように神さまに愛されているのです。

神さまへのことば

わたしはこんな言葉を神さまへ　お伝えしていました。

神さま、みていてね。
わたしはいつか超えてみせるからね

神さま、みていてね
必ず心から笑顔になるから

ありがとう　ありがとう　大好きです

この世界をありがとう
こんな美しい世界をありがとう

いつもありがとう

わたしは、神さまが大好きだから、
だから神さまの意に添いたい

神さまが大好きだから、
だから神さま《自分》を悲しませたくない

神さま、愛しているよ

大好きだよ
ありがとう

わたしはこんなメッセージを神さまからいただきました。

神さまからのことば

愛しいあなた、あなたをいつもみています。
あなたがどうやってその苦しみを大きな愛に変えたのか
あなたがどのようにして、「わたし」を思い出してくれたのか
わたしはいつもあなたをみて、抱きしめています
あなたがこの世に生まれたときから、
そして最期のときまで、変わらずあなたを抱きしめています

「わたし」に気がついてくれてありがとう。愛しいあなた
どうぞたくさんの大好きを思い出して

大丈夫だよ

あなたはそのままで最高だよ
そのままで完璧だよ

思い出してくれてありがとう
気がついてくれてありがとう

わたしを大切にしてくれてありがとう

大丈夫、どんなときもあなたのそばにいます

愛しているよ大好きだよ

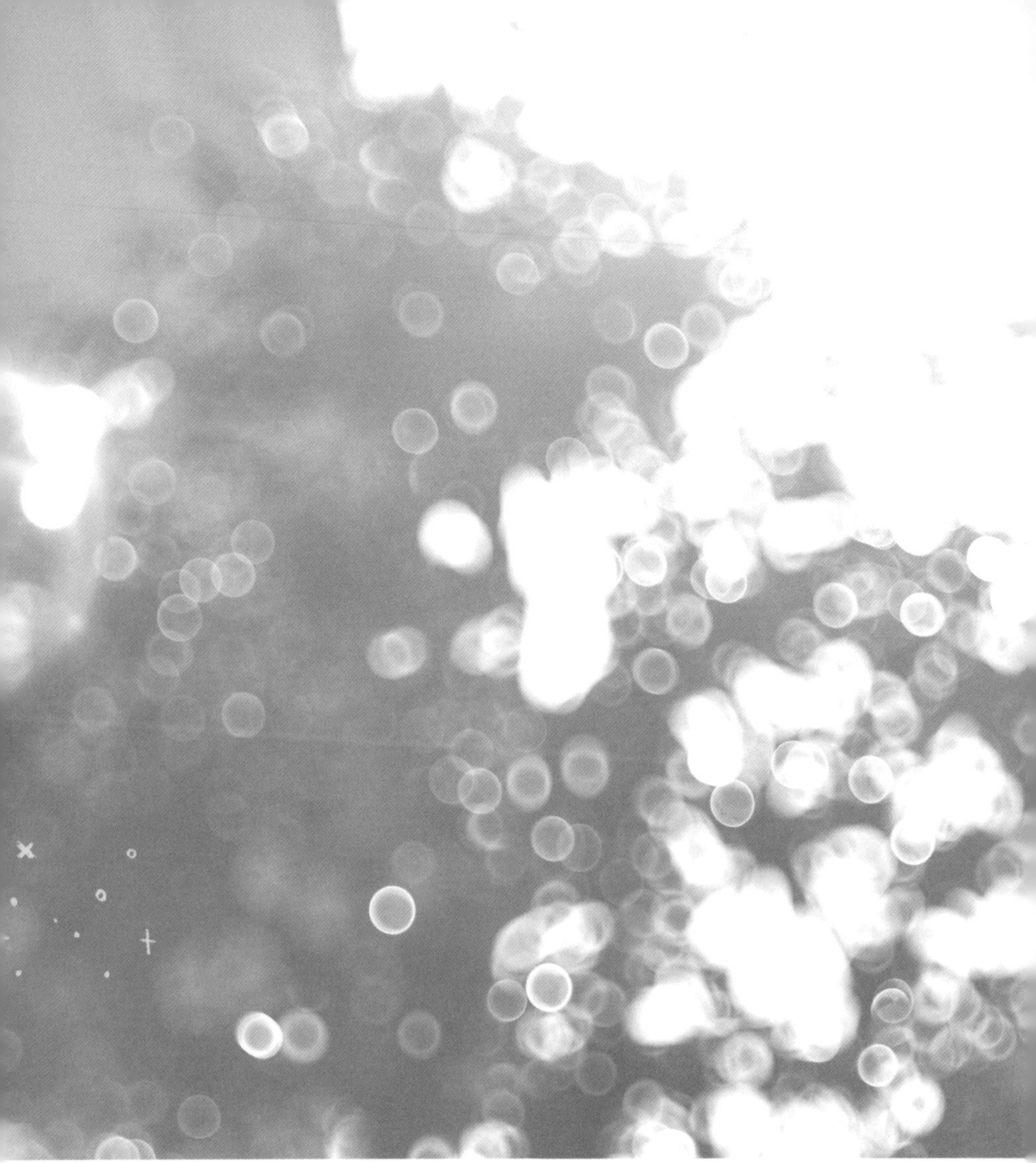

4章
神さまをいたわる
すると魂が満たされる

神さまをおいたわりする

どうぞ今日のあなたは
あなたをおいたわりしてくださいませ。
今日のわたしも、わたしをいたわります。

あなたは今日も生きています。
生きていくことは本当に大変なことです。
悩み多き自分の人生を、あなたは頑張って生き抜いてきました。
それはすごいことなのです。

だからしっかりと自分を認めてあげましょう。
自分が生まれてきたことを、これまでの人生の道のりを何もかも認めて許してあげてほしいのです。

なぜならば「頑張ってきたね。偉かったね。すごいね」と自分を褒めてあげることが、あなたとあなたの中の神さまをいたわって差し上げることだからです。

そして、いつもあなたを支えてくれる神さまを「いつもありがとう」と言ってあげてほしいのです。

この章では、苦しいとき、つらい時にこそ、どう神さまと向き合えばよいのかをまとめました。


今この瞬間から、自分を苦しめるのはやめましょう。

自分を責めることや、叱咤激励することから解放してあげましょう。

それがあなた自身を生きづらくしていることに気づけば、あなたの中の神さまがお喜びになり、人生が静かに変わりはじめます。

「頑張る」を手放す

どうぞ今日のあなたは
少し自分をゆるめてあげてください。
今日のわたしも、わたしをゆるめたいと思います。

「何かをなしとげなければいけない」と思い込んではいませんか？
もちろん努力をすることは素晴らしいことです。
何かをなしとげるために努力する人を、わたしはまったく否定しません。
でも、その理由が「周りの人が自分よりもすぐれて見える」とか
「努力できない自分は怠けものでダメ人間」といった思いにあるのならば、
その思い込みから自分を解放してあげてほしいのです。

何かをなしとげなくてもいいのです。
そのままのあなたを神さまは愛し、大切に思ってくださっています。
頑張りに終わりはありません。
また若い時分ならば、その頑張りが必要なこともあるでしょう。
でも、ある程度の年齢がきたなら、もっと自分に甘くなっても
いいのではないでしょうか。「何かをしなければ」と焦ったり、
自分に厳しいルールを課したりすることよりも、「その思い込みを、
もう手放してよいですか」と神さまに伝えてみてください。
あなたがここまで生きてきたことが、頑張ってきたことの証だから。
もうそのままでよいのです。

人は喜ぶために生まれてきます。
あなたの存在そのものが、喜びなのです。

すでに愛されていることに気がつく

どうぞ今日のあなたは
愛されていることを実感してくださいね。
今日のわたしも、愛されていることを感じたいと思います。

あなたには、プライドはありますか？
それは誰に向けたプライドでしょうか。会社に？　友人に？
あるいは世間の評価に対してでしょうか。

自分を高揚させるために、プライドは大切です。
自分に自信をもち、自分を支えるために誇りは大事なのです。
でももしも誰かに向けたプライドであるならば、それはただの偽飾、

見栄なのかもしれません。

本当の誇りは、あなた自身に向け、
あなた自身に捧げるべきものです。
誰かに誇示するものではありません。
目には映らぬ大いなる存在に、森羅万象に、神に、宇宙にあなたが
「ただ愛されるいる」という誇りをもつことなのです。
勘違いをしていただきたくないことが一つだけあります。
それは「わたしは誰よりも愛されている」と思うことです。
この「誰よりも」はいらないのです。
だって、あなたはすでにただ愛されて いるのですから。
「誰よりも」と思うと、誰かよりもたくさん愛されていなくては
ならなくなってしまいます。
そうではないのです。

この世に生まれて来て、誰もが愛されているのです。
太陽が誰にも同じように分け隔てなく光を降り注ぐように、
人はただ愛されているのです。
「わたしこそが太陽の日を多く浴びていて
わたしこそ太陽に多く愛されている」とは誰も思わないでしょう。
それと同じくらい当たり前に、誰もが愛されているのです。
あなたが愛されているのです。

そこに一番も二番もなくてね、ただ今、在ることが
「愛されている」証なのです。
その愛は肉体を終えたあとも続きます。
「自分はただ愛されている」そう思えることこそが、
本当の意味での誇りにつながるとわたしは思っています。

だからどうか、愛されていることに気がついてください。
あなたがそれに気がつきさえすれば、それでもう完結なのです。

わたしは今、東京と仙台の二拠点生活をしています。
仕事で地方に行くこともしばしばです。
でも、どこにいても、自分がいま在ること、
愛も大いなる存在も何もかも自分の中にただ在ることを、
心から誇りに思っています。
それは揺るぎない誇りで、弱いわたしを中心から
支えてくれています。
あなたもあなた自身の誇りであってください。

人生の旅の過程を生きている自覚をもつ

どうぞ今日のあなたは
自分の「苦しい」という感情を
認めてあげてください。
今日のわたしも、自分の苦しさを受け止めます。

生きていればつらいこともたくさんあります。
心が苦しくてしかたがない時はどうしたらよいのでしょうか。
わたしはその苦しみから目をそむけず、
受け止めることだと思っています。
解決策を外に求めようとするのをやめて、
自分の苦しいという感情を受け止めてあげましょう。

その苦しみは、「ちょっと立ち止まって」という神さまからのサインなのですから。


「つらいね」

「苦しいね」と自分に寄り添い、

「今苦しいけれど、ずっとは続かないからね」

「苦しみは期間限定なんだよ」

と、神さまに話しかけ、この先にあるはずの希望に思いをはせましょう。

その希望は、暗い苦しみの世界から見ると、
針の穴ほどの小さなものかもしれません。

けれどもわたし達の人生という旅は、その過程も含めて、
何もかもが宇宙からの贈りものです。
時にいらないものも、欲しくないものもあるけれど、
過ぎてしまえばそれはとても大きな意味をもつ大切なものになります。

いますぐに受け入れられないものや、受け入れたくないものは、
無理して受け入れなくてもいいのです。
大切なのは、「つらいから考えないようにする」のではなく、
まずは真正面からその苦しみを見つめ、
いったんは受け止めて、「いま、受け入れられるかどうか」について
考えてみることです。

ゆっくり時間をかけて解決できそうなら、
少しずつ解決に向けて進めていきましょう。
「いまはとても無理」と感じたならば、いったん寝かせておきましょう。
ある日、突然、「あの苦しみにはこういう意味があったのね」と
気がつくこともよくあることです。
その時あなたは、以前のあなたより
人の苦しみに思いをはせることのできる人になっているでしょう。

苦しみが訪れるのは、
「少し立ち止まりましょう」という視えない世界から発せられた
明らかなサインです。
きちんと向き合うことをしていけば、あなたのもやもやも悩みも
必ずあなた自身を成長させるための心の糧になっていきます。

過去の自分を癒す

どうぞ今日のあなたは
過去の自分を癒してください。
今日のわたしも、「いつかのわたし」を癒します。

過去のいやなことを思い出したくはないのに、
その時の憎しみや悲しみを思い出してもがくことがあります。
それは人として自然なことだと思います。
そんな時、対処法や原因をわかっていると、
上手に過去の無念や呪怨を自分で鎮めることができます。
やがて過去のつらかった記憶が、顔を出してくることがほとんどなくなり、
たとえ顔を出したとしても、その感情の沼にどっぷりと浸かり、

もがくことはなくなっていきます。


それには、あなたがあなたのセラピストになることです。

「あの時のわたしは本当は何を言いたかった？」

「何をわかってほしかった？」「相手にどうしてほしかった？」

「自分はどうしたかった？」

そう神さまに問いかけて、あなたがその答えを言葉にして
口から出してみましょう。

あなたの本音を声に出して、昇華させていきましょう。

5歳の時のことでも、10歳の時のことでも、つい最近のことでも、
心が傷つき、怒りや悲しみを覚える出来事について、
言えなかった言葉、飲み込んでしまった「言葉達（魂）」を、
いまのあなたが口にしてあげるのです。

大切なことは、あなたを傷つけた相手に面と向かって
言い返すことではありません。
独りの時に、あの時の本当のあなたの心（魂）を
理解してあげることです。
それが魂には、とても大切なことなのです。
だから過去のいやな思い出がむくむくと頭をもたげてきたら、
できるだけ早く独りの時間をもち、「あの時、本当は
何を言いたかったの？」と自分に聞いてあげましょう。

もしかしたら、何度も同じことを思い出すかもしれません。
だからといって「わたしはなんて執念深いんだろう」なんて
自分を責めないでくださいね。
何度も思い出さずにはいられないほどつらい思いを抱えて
生きてきたあなたに、神さまは「えらかったね」「頑張ったね」

と言ってくださることでしょう。

何度も何度も繰り返してもかまいません。
そうやって過去を手放せた時、きっとあなたは変わっています。
そしてかつてのあなたと同じように、つらい思い出を自分から
切り離すことができずにいる誰かに、「わたしもそうだったの。
でもこうやったら過去を手放せたのよ」と
お伝えできるようになっていることでしょう。
神さまは、あなたに穏やかでいてほしいのです。
時に、心が嵐のようになっても怒りで埋め尽くされたとしても、
それでもあなたは自ら穏やかになれるということを
ちゃんと知ってくださっているのです。
だから、そうなれるように願いましょう。神さまが願うように、
自分に「つらい過去を捨てて穏やかであれ」と願うのです。

誰のことも責めない

どうぞ今日のあなたは
許しについて思いをめぐらせてください。
今日のわたしも、許しについて考えたいと思います。

生きていればいろんなことが起こります。
でも、どんなことが起こっても、誰のせいでもありません。
もちろんあなたのせいでもありません。

ともすれば、人はうまくいかないことを誰かのせいにして、
その誰かを恨もうとします。
その誰かにうまくいかないことや不快なことの責任があると思うから、

相手を憎むことで心がらくになるのです。
一方「全部自分が悪い」と自分を責めることもよくあります。
でもそうして矛先を自分に向けてしまっては、
いつまで経っても十字架を背負い続けることになります。
その十字架を背負わせているのは誰でしょう?
誰でもない、ほかならぬあなた自身です。
十字架を無理やり誰かに背負わされているのではなくて、
自分が背負うことを選んでいるのです。

あなたはもう十分に自分を責めました。
だからどうか、自分に向けた剣を下ろしてください。
「もう自分を許していいですか」と神さまにお話をしてください。
あなた自身がご自分を責めているのだということに、
どうか気がついてくださいね。

どんな時も安心を与え続ける

どうぞ今日のあなたは
安心というゆりかごに自分を
ゆだねてください。
今日のわたしも、わたしに安心を与えます。

わたし達は、自分を弱いと思っています。
しかしその原因を視えないことに探してはいけないのです。
弱いわたし達は、自分の身に起こったつらいことの原因を、
外に探したくなります。
ご先祖さまの祟りとか、前世のカルマなどと言われると、
ただ、翻弄されてしまいます。

でも、もうそれはやめにしましょう。
視えない何かに原因があると考えることは、
大きな間違いなのです。
悪いことを視えないもののせいにするのは、
神さまに対してとても失礼だと思うのです。

わたしは視えないものと結びつけて考えていいのは、
いいことが起こった時や「運がいい」と感じた時だけだと思っています。
そういう時、人はただただ視えない存在のおはからいに
感謝の心を抱きます。
それは神さまとあなたの結びつきが強くなる瞬間です。

生きていればいろいろなことが起こります。
でも大丈夫。あなたはいつもあなたの神さまに守られているのです。

心をおさめる

どうぞ今日のあなたは
あなた自身の心をおさめてください。
今日のわたしも、自分の心をおさめるようにいたします。

自分や自分の家族以外のことで心を痛めること、たくさんありますよね。
わたしもよくあります。
家のベランダにくるスズメやカラス野良猫を目にすると、
暑いかな寒いかな、お腹空いてないかなぁと心配になります。

でも世界中に、かわいそうな動物も子ども達も大勢います。
わたしやあなたは、そのすべてに心を配れないのです。

そのすべての命を助けてはあげられないのです。

だから、自分の力ではどうすることもできない悲しみや切なさに取り込まれそうになったら、心と思考を停止させてください。

いったん停止させて、ほかのことを考えるのです。

そうしないと、あなたの身も心ももたなくなってしまいます。

あなたの中の小さな神さまも、どれほど悲しむことでしょう。

「わたしの心、いまフリーズ」そう意図的に思考を止めて、ほかのことを考えてくださいね。

あなたの心を保つために、あなたは、ご自分が安心することをいちばんに考えてくださいね。

あなたが自分の心を守り、大切にすること。

それがあなたの中の神さまの、いちばんの願いなのですから。

そしてまた、自分の心を守ることができれば、あなたは誰かに対してあなたができる最大限のお手伝いができるようになるでしょう。

5章
愛子の諏訪神社の神様

愛子の諏訪神社の神様のご縁をいこう

宮城県仙台市の愛子《あやし》というところに
諏訪神社があります。
諏訪神社といえば、長野県にある諏訪大社が有名ですね。
日本の神様は、日本全国津々浦々、
多くの神社に勧請されていらっしゃいます。
ですからご神名が同じ神様が、たくさんいらっしゃいます。

「ご神名が同じということは、神様のエネルギーは同じなの?」と
思われるかもしれませんが、そうではありません。
同じ神様をお祀りしていても
その神社が建立されている山や川など、

土地や風土からの影響によって、
異なったエネルギーをおもちの、
それぞれに異なった
神様でいらっしゃるのです。
わたし達も、同姓同名であったとしても、別人ですよね。
それとよく似ています。
だから愛子の諏訪神社には、
愛子の諏訪神社ならではの
わたし達の目には見えないエネルギーが集まって
「愛子の諏訪神社の神様」として鎮座されているのです。
愛子の諏訪神社の神様のいちばんすばらしいことは
最速で願いを叶えてくださる神様でいらっしゃるということです。

今では毎日のように、全国から多くの方が訪れ、
そのご利益を体感されていらっしゃいます。

少し前の愛子の諏訪神社の参拝者は
地元の人がほとんどで、地元の氏神様として大切にされておりました。
ひっそりとした慎ましやかな神社でしたが
願い事を叶えてくださることにかけては
驚くほどのお力を発揮してくださいました。

そして、口々に広がっていき、初めて参拝される人の願いでも、
どんどん叶えて奇跡を起こしてくださる
すごい神様として、多くの方に知られるようになりました。

わたしは先日、本書の撮影のために愛子の諏訪神社にお伺いした時に、
神様のお力が明らかに増しているのを感じました。
そして無意識のうちに二言目には「きれい」とか「うつくしい」
といった言葉が口からでてきたのです。
その日は、偶然にも愛子の諏訪神社が
エネルギーに満ちた日だったのかもしれません。
でもわたしは、多くの方がご参拝にいらしてくださった
おかげだと思いました。
なぜならば神社を、神様を、
元気に盛りたてていくには、
手を合わせてくださる方々のお力がとても大切だからです。

本書では、どんな方でもいつでも
愛子の諏訪神社の神様に

お参りできるようにいたしました。
本の中ではありますが、
紙上参拝を通して、ぜひ愛子の諏訪神社の神様に
お参りしてみてください。
普段は公開されていないご神鏡を
この本では特別に掲載しておりますので
その神様のお力を強く感じることができます。

どうぞあなたの願いをお伝えしてみてください。
どんな願いでもよいですし、
一つだけでなくたくさんの願いでもよいのです。
あなたの心が躍るような
そんな願いを神様にお伝えしてください。
きっとあなたに一番よいタイミングで

願いを叶えてくださることでしょう。
そして、多くの方の願いを叶えてくださる
愛子の諏訪神社の神様のご厚意に対して
感謝とおいたわりの気持ちをご奉納してみてください。

さて、その前に少しだけ
愛子の諏訪神社をご存じない方に向けて
わたしと愛子の諏訪神社さまの
思い出をお話しできればと思います。

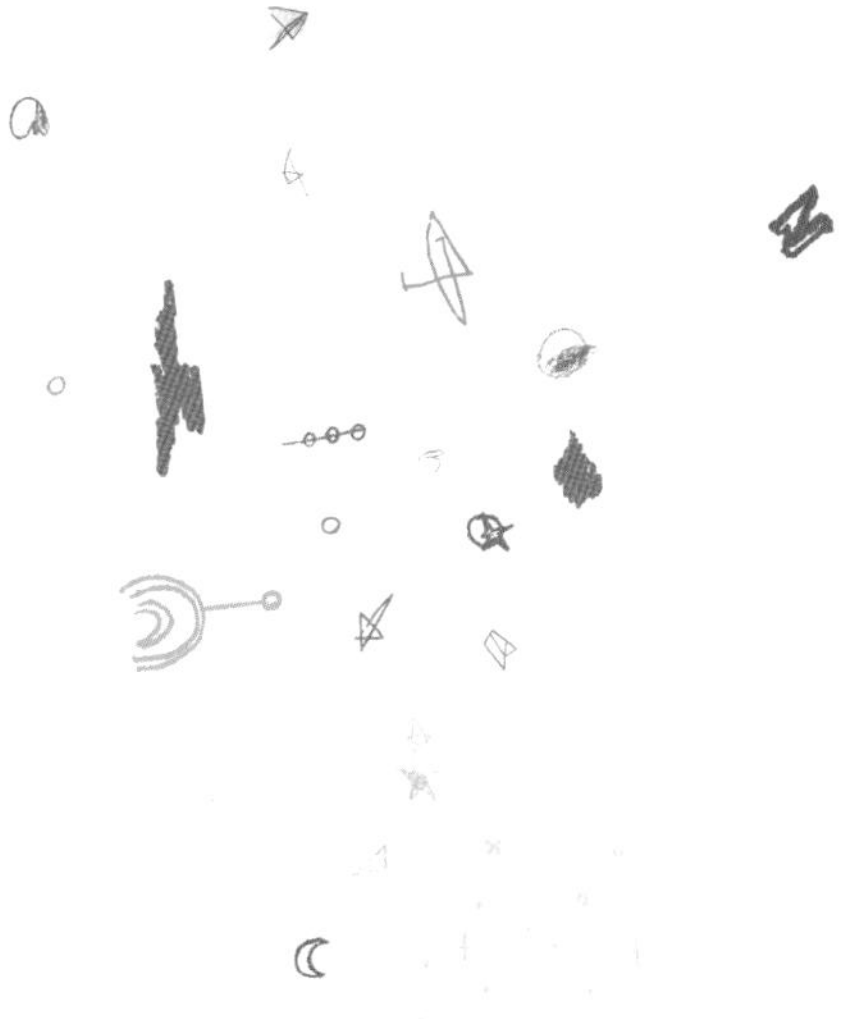

愛子の諏訪神社との出会い

愛子の諏訪神社を見つけたのは、
まったくの偶然によるものでした。
２０１６年の５月のある日、お気に入りの山菜を買うために、
愛子にある販売所に主人や娘と一緒に出かけた時のことです。
帰り道で主人が
「この近くに諏訪神社という神社があるみたいだけど、行ってみる？」
といい出したのです。
そこで、せっかく近くまで来たのだからと、
行ってみることにしました。

着いてみたらわたし達以外に参拝者はいませんでした。

他の人がいなかったからなのか、ご神気がダイレクトに感じられ、
神社全体がご神気で満ちていると思いました
「あまり人が来ない神社さんなのかもしれない」と思いながら、
赤い鳥居をくぐった時のこと。
手のひらや腕が少し痛いくらい、ビリビリとしびれてきたのです。
そして参道を3歩か4歩くらい歩いた時、
「よう参った」という朗々たるお声が聴こえてきて、
思わず歩みを止めました。
気を澄ましてみると、その声は拝殿のある
小山の上から聴こえてくるようでした。
2つ目の石の鳥居をくぐると、
さらに強いエネルギーで手がジンジンとしびれてきて、
空気がどんどん澄んでピンと張っているように感じました。
長くて急な石段の脇にある高い木々の真上あたりから、

何かがじっとこちらを伺っているような感覚がありました。
見張られているような緊張感がつねにあったのです。
拝殿まで進んだ時、強いご神気とともに、
「ようここまで参った」というお声が聴こえ、
神様がわたし達を歓迎して
いたわってくださっているように感じました。

神様に向かって何も考えずに無心に手を合わせていると、
さらに
「願いをいうてみよ」というメッセージが届きました。
耳に聴こえるのではなく、
朗々たる声がわたしの魂に響いているような感じでした。
わたしの隣で手を合わせていた娘が
「ここでお願い事をしてもいいの?」と尋ねてきたので

「いいよ」と答えました。

娘は普段、そういうことはいわないのですが、無意識のうちに神様の「願いをいうてみよ」というメッセージを受け取っていたのかもしれません。

わたしはそのころ、

『あなたの中の小さな神さまを目覚めさせる本』（永岡書店・刊）という本を執筆中でした。

そこで、「この本に関わってくださったみなさまにご恩返しができたらうれしく思います」と神様にお話ししたように記憶しています。

神様に向かって手を合わせ、願い事を伝え終わった時、さっきまであんなにもビリビリしていた空気が急にゆるみ、優しさに溢れた空気に変わっているのを感じました。

神様がというより
ご神木や神様にお仕えしている異形さんや神使いさん達が
「よし」と許してくださった瞬間でした。

最初のビリビリした空気は、
神様の周りの方々からの、いわゆる品定めだったのではないかと
思いました。

空気が和らぎはしたものの、
体に感じるしびれはまだ残っていました。
神社を背にしたまま
手のひらを本殿に向けるとしびれを強く感じ、
手の甲を向けると弱くなっているように感じます。
神社の入り口の赤い鳥居をくぐり終えた時、

強いご神気がふっと消えてなくなりました。
振り返って見た時、小さな拝殿をお守りする小山全体が
諏訪神社のご神気そのものだったことがわかり、
「なるほど。山全体がご神気を発していたから、
あんなにもエネルギーが強かったのだ」
と腑に落ちました。

木々の間から
わたしの一挙手一投足を
じっと見つめていた者の正体がわかったのは、
後に友人達と参拝した時のことです。

ふと「写真に撮れれば、姿が写るのでは?」と思い、
カメラのシャッターを切ってみたところ、

木々の間に大きな天狗の顔が写っていました。
「もしかしたら、木の皮や木の節なのでは?」と
念のためにもう1枚撮ってみましたが、
2枚目の写真にはもう何も写っていませんでした。

きっとカラス天狗達が、
門番として諏訪神社の神様とお社のある山を
お守りしているのでしょう。
誰かが失礼なことをしようものなら、
諏訪神社の神様はお許しになったとしても、
この神使い達は許容しないことでしょう。

諏訪神社にて一人で参拝していると、
不思議な現象に出くわすことがあります。

誰もいないのに後ろから肩を
トントンと叩かれたように感じたり、
真後ろに誰か大きな人が立っているような気配を
感じたりすることがあるのです。
突然強い風が背中にやってきて、
前に押し出されるように感じたこともあります。
それは、神様の神使いであるカラス天狗達が、
神様に手を合わせている人を、
「さぁさぁ、もっと神様の御前に」という合図であったり、
ご参拝を見守ってくださったりしている証なのです。

諏訪神社で参拝する時は、
木々をじっくり眺めてみてください。
不思議なことに葉のない季節でも、

どこからかひらひらと
葉っぱが舞い落ちることがあります。
それはカラス天狗達からの歓迎のご挨拶です。

愛子の諏訪神社にお祀りされているのは、
タケミナカタという神様です。
この神様は戦の神様なので、
源頼朝が 平泉討伐に行く時に
ここをお参りしてから
戦場に向かったといわれているそうです。

けれどわたしは、諏訪神社の神様から
「戦」とか「勝利」などが象徴する
荒々しさを感じたことが一度もありません。

いつご参拝させていただいても、わたしが感じるのは、
穏やかで優しい大きな愛なのです。

神社の後ろには小さな山があります。
山の気や木々が発する気、
そして神様ご自身の気が合わさって、
愛子の諏訪神社の神様となっています。

わたしはこの神社を訪れるたび、
「人々の願いを叶えてあげたい」
という神様の思いを強く感じます。
人が大好きなお優しい神様なのです。
ありがたいことに、愛子の諏訪神社の神様をご紹介させていただいて
から、現在は他県からもたくさんの方が

参拝してくださるようになりました。
また、「知る人ぞ知る願いが叶う神社」として
紹介されることも多くなりました。

大勢の方が訪れるようになってからも、
諏訪神社の神様は
いつも一人ひとりと、きちんと向き合ってくださいます。
それがここの神様の素晴らしさであり、
ありがたいところなのだ
と感じます。

諏訪神社の神様にお願い事をする時は、
手を合わせた後、しばらく無心になってみてください。
すると、花や樹木などが発する芳醇な香りがどこからともなく漂ってきたり、

葉っぱが舞ったり、
空気感が変わったりします。

それが「聞きいれた」という、
神様からのお返事なのです。
そうすると、気がついた時には、
あなたの願いは叶っていることでしょう

神社の参拝は一般的には、
夕方や夜は神社に参拝してはいけないといわれています。
たそがれ時は
「逢魔時《おうまがどき》」とも呼ばれ、
「気をつけなければいけない」とされてきました。
しかしこれは、街灯などのなかった時代には、足元が暗くて危なかったことからきている言い伝えです。

今は夜でも明かりを消さずにいる神社もたくさんありますし、夜参りできる神社も多くあります。

東京の鎮守でもある神田明神は、星月夜参りといって有名です。

愛子の諏訪神社さまも、夜8時まで灯りを灯してくださっています。


この本を使っての誌上参拝は、時間に関係なく何時にお参りしてくださっても大丈夫です。

ご自分の都合のいい日、お参りしたい時間に、どうぞお参りしてくださいませ。

愛子の諏訪神社の神様とお話をする方法

まずは自分の背筋を伸ばします。
そうすると、かみさまとつながっている右脳から
神様のお声を受け取りやすくなります。
愛子の諏訪神社では拝殿の鈴緒が三本あるうち、
真ん中の鈴緒と、向かって左側のお鈴の間に立ち、
本殿（神様）を見つめながら手を合わせると、
お返事やお答えをくださることがとても多いです。

次に「神様の御前に立たせていただいて、
手を合わせさせていただけることありがたく存じます」と
心でまたは小さく声に出して神様に申し上げます。

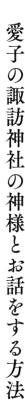

それからしばらく全身に意識を集中させせます。
わたしはこの状態を「気を澄ます」と表現しています。
そして少し頭を前に垂れて、
神様のお返事が頭全体に届くようにイメージをします。

もしも愛子の諏訪神社様に行かれる機会がございましたら、
ぜひそうされてみてくださいませ。
遠くにお住まいの方、今すぐには行けない方は、
次から始まる紙上参拝を行ってみましょう。
今回はこの本のためにご神鏡を掲載しています。
本書でご紹介した神さまとお話をする方法を、ぜひ実践してみてください。
きっと願いが叶い出し、
新しい未来が静かに、確実に、生み出されることでしょう。

誌上参拝の方法

本書では、愛子の諏訪神社の神様に
誌上参拝することができるようにしました。
その参拝方法をご紹介します。

体ではなく意識で参拝しますので、身の清めは必要ありません。
気になる方は手水舎のかわりとしてご自宅の洗面所で手と口をすすぎましょう。

そして148ページからはじまる諏訪神社の写真をご覧ください。
最後まで写真を見終わりましたら、
一度本を閉じてリラックスします。
ご神鏡のあるページを開いて、

目の高さかそれ以上高いところに置きます。
目を閉じて先ほどの写真を思い出し、
拝殿の正面に立っている自分をイメージします。

目を開けてご神鏡の写真を見ながら、
手を合わせて願いごとをしましょう。
願いごとをしたらしばらく心を無にします。
すると神様からのメッセージが受け取りやすくなります。

愛子の諏訪神社の神様は、
いつもわたし達、人々のために願い事を
叶えようとしてくださっています。
とてもエネルギーの強い神様ですから、
あなたの願い事も聞きいれて叶えてくださることでしょう。

あなたが神様に真摯に向き合い、神様に何度も語りかけると、神様がゆっくりと目を開けて、あなたの言葉を受け止めてくださるようになっていきます。

神様と仲良くなって会話ができるようになると、今こうして生きていること、願いを叶えてくださったことにお礼を申し上げたくなります。

そんな時はお礼参りに行き、「神様、ありがとうございます」という感謝の気持ちを言葉にのせて神様にお伝えしてください。

神様は、あなたの感謝の気持ちやおいわたりの気持ちが嬉しいのです。

動画参拝の方法

本書では、愛子の諏訪神社の宮司様のご協力を賜りまして
愛子の諏訪神社の
無料参拝動画もご覧いただけるようにいたしました。

参拝方法は、紙上参拝と同じです。

左記の二次元コードから動画をご覧いただけます。

ご覧いただく前に、必ず注意事項をお読みください。


スマートフォンなどのカメラで読み取ってご利用ください。

もしくはこちらのURLを入力してください。

https://www.nagaokashoten.co.jp/extra/9784522441367/

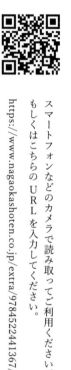

注意事項

この特典動画は本書を購入者のみご覧いただけます。インターネットがご利用できない方は、この特典はご利用できません。あらかじめご了承ください。この動画に関するＤＶＤ等の販売はありません。

視聴する発生する際の通信費はお客さまご負担となります。

機種によって、各コンテンツの色合いやデザインなどが若干異なる場合があります。

コンテンツの使い方、および対応端末に関するご質問については、スマートフォン端末の取扱説明書をご確認いただくか、各パソコンメーカーにお問い合わせください。

本コンテンツのご利用によって発生したお客さまのいかなる不利益に関して一切の責任を負いかねますので、あらかじめご了承ください。

ダウンロードコンテンツは、以下の禁止事項に反しない範囲内でお使いください。

禁止事項

（1）動画の一部または全部を、加工の有無にかかわらず「再配布」すること。なお、ここでいう「再配布」とは、有償・無償にかかわらず、書籍・CD-ROM・DVD-ROM等の媒体に収録して動画コンテンツを配布する行為や、ダウンロードコンテンツそのものを再利用できる形（ダウンロードを可能にすることを含みます）でサーバー等にアップロードして送信可能化する等といった、インターネット等の通信手段を利用する配布行為を意味します。

（2）個人・法人・公共団体が、その名目を問わず、また対価の有無にかかわらず、第三者に対して営利を目的として動画コンテンツを利用すること（第三者よりデザインの委託を受けて動画コンテンツを利用し、印刷物や雑貨類、テンプレート等を制作・販売する行為等を含みます）。

（3）動画コンテンツの一部または全部を利用して、著作権登録、意匠登録、商標登録など知的財産権の登録を行うこと。

（4）公序良俗に反する態様で利用することや公序良俗に反する業務、活動に利用すること。

おわりに

最後まで本書をお読みくださいまして
ありがとうございます。
大元の「かみさま」のこと、
自分の心の中に存在する「神さま」のこと、
そしてさまざまな宗教で崇拝の対象となっている
「神様」のことをお話しできたことに
心から感謝をいたします。

人は何か苦しい時ほど、
自分の外の何かに答えを見つけようとします。
しかし、外に見つけた答えは、
あなたの本来の答えではないのです。
ですから、答えを得たと思っても、
また同じことで苦しみ悩みます。

苦しい時ほど、
自分を、あなた自身をみてあげてください。

あなたの「本当」に気づいてあげてください。

「あなたの中にある答えに気づいてあげること」

それが、あなたの本当の答えなのです。

本書が、あなたの人生における
分岐点となることを心から願います。

初夏の景色のなか、鳥のさえずりを聞きながら、仙台にて

まさよ

まさよ

幼少のころから、不思議な体験をしたり、
不思議な声を聴いたりして過ごす。
ある日大きな光に包まれる経験をして、
視えない世界のしくみを知る。
その1年後、姿なき不思議な存在に
「あなたは人に向き合う仕事をする」と
告げられ仕事環境が一変。
それまで勤めていたパート社員から、
魂カウンセリングの仕事に就き、
東北を中心とした
カルチャーセンターにて
4年半の間チャネリング&
透視リーディング教室の講師を務める。
主な著書に
『あなたの中の小さな神さまを目覚めさせる本』
『あなたの中の神さまが輝き出す!
エネルギーの魔法』(弊社刊)、などがある。

願いが静かに叶い出す
あなたの神さまと
お話できるようになる本

2023年8月10日　第1刷発行

著者　まさよ
発行者　永岡純一
発行所　株式会社永岡書店
〒176-8518
東京都練馬区豊玉上1-7-14
電話　03(3992)5155(代表)
03(3992)7191(編集)

スタッフ
デザイン　嘉生健一
イラスト　れも
撮影　大崎聡
校正　くすのき舎
執筆協力　堀 容優子
写真提供　アマナイメージズ/スナップマート
撮影協力　国分一宮諏訪神社
四十一代宮司　宮野教光
禰宜　宮野勝大
権禰宜　宮野誉大

ISBN 978-4-522-44136-7 C2076

本書は『身近な神社が実はすごい!　願いが叶う神さま参り』
(2018年1月10日永岡書店発行)を一部再編集しています。

ではこれから
愛子の諏訪神社の神様へ
参拝をはじめます。

愛子の諏訪神社の神様は
小さな山の上に
鎮座されています。

赤い鳥居をくぐって
参拝をはじめます。

諏訪夢想大明神

石の鳥居で
少しご神気が強くなります。

山の精霊が見守る
木々の下の
石段を上りましょう。

緑あざやかな木々が
わたし達を見下ろしています。

石段を上り終えると

狛犬さんが出迎えてくれます。

一休みして
もう一つの石段を上ると
神様の美しい鈴緒が見えてきました。

拝殿につきました。
では、神様と意識を
合わせていきます。

目を閉じて
神さまとお話をしてみましょう。

神さまに
願い事を
してみましょう。

寿
御神前
御神前

ゆっくりと
目をあけてください。